国家出版基金项目
NATIONAL PUBLICATION FOUNDATION

记住乡愁

——留给孩子们的中国民俗文化

刘魁立◎主编

谌荣彬◎著

第七辑 民间礼俗辑

本辑主编 萧 放

社 交 礼

黑龙江少年儿童出版社

序

亲爱的小读者们，身为中国人，你们了解中华民族的民俗文化吗？如果有所了解的话，你们又了解多少呢？

或许，你们认为熟知那些过去的事情是大人们的事，我们小孩儿不容易弄懂，也没必要弄懂那些事情。

其实，传统民俗文化的内涵极为丰富，它既不神秘也不深奥，与每个人的关系十分密切，它随时随地围绕在我们身边，贯穿于整个人生的每一天。

中华民族有很多传统节日，每逢节日都有一些传统民俗文化活动，比如端午节吃粽子，听大人们讲屈原为国为民愤投汨罗江的故事；八月中秋望着圆圆的明月，遐想嫦娥奔月、吴刚伐桂的传说，等等。

我国是一个统一的多民族国家，有 56 个民族，每个民族都有丰富多彩的文化和风俗习惯，这些不同民族的民俗文化共同构筑了中国民俗文化。或许你们听说过藏族长篇史诗《格萨尔王传》

中格萨尔王的英雄气概、蒙古族智慧的化身——巴拉根仓的机智与诙谐、维吾尔族世界闻名的智者——阿凡提的睿智与幽默、壮族歌仙刘三姐的聪慧机敏与歌如泉涌……如果这些你们都有所了解，那就说明你们已经走进了中华民族传统民俗文化的王国。

你们也许看过京剧、木偶戏、皮影戏，看过踩高跷、耍龙灯，欣赏过威风锣鼓，这些都是我们中华民族为世界贡献的艺术珍品。你们或许也欣赏过中国古琴演奏，那是中华文化中的瑰宝。1977年9月5日美国发射的"旅行者1号"探测器上所载的向外太空传达人类声音的金光盘上面，就录制了我国古琴大师管平湖演奏的中国古琴名曲——《流水》。

北京天安门东西两侧设有太庙和社稷坛，那是旧时皇帝举行仪式祭祀祖先和祭祀谷神及土地的地方。另外，在北京城的南北东西四个方位建有天坛、地坛、日坛和月坛，这些地方曾经是皇帝率领百官祭拜天、地、日、月的神圣场所。这些仪式活动说明，我们中国人自古就认为自己是自然的组成部分，因而崇信自然、融入自然，与自然和谐相处。

如今民间仍保存的奉祀关公和妈祖的习俗，则体现了中国人崇尚仁义礼智信、进行自我道德教育的意愿，表达了祈望平安顺达和扶危救困的诉求。

小读者们，你们养过蚕宝宝吗？原产于中国的蚕，真称得上伟大的小生物。蚕宝宝的一生从芝麻粒儿大小的蚕卵算起，中间经历蚁蚕、蚕宝宝、结茧吐丝等过程，到破茧成蛾结束，总共四十余天，却能为我们贡献约一千米长的蚕丝。我国历史悠久的养蚕、丝绸织绣技术自西汉"丝绸之路"诞生那天起就成为东方文明的传播者和象征，为促进人类文明的发展做出了不可磨灭的贡献！

小读者们，你们到过烧造瓷器的窑口，见过工匠师傅们拉坯、上釉、烧窑吗？中国是瓷器的故乡，我们的陶瓷技艺同样为人类文明的发展做出了巨大贡献！中国的英文国名"China"，就是由英文"china"（瓷器）一词转义而来的。

中国的历法、二十四节气、珠算、中医知识体系，都是中华民族传统文化宝库中的珍品。

让我们深感骄傲的中国传统民俗文化博大精深、丰富多彩，课本中的内容是难以囊括的。每向这个领域多迈进一步，你们对历史的认知、对人生的感悟、对生活的热爱与奋斗就会更进一分。

作为中国人，无论你身在何处，那与生俱来的充满民族文化DNA的血液将伴随你的一生，乡音难改，乡情难忘，乡愁恒久。这是你的根，这是你的魂，这种民族文化的传统体现在你身上，是你身份的标识，也是我们作为中国人彼此认同的依据，它作为一种凝聚的力量，把我们整个中华民族大家庭紧紧地联系在一起。

《记住乡愁——留给孩子们的中国民俗文化》丛书，为小读者们全面介绍了传统民俗文化的丰富内容：包括民间史诗传说故事、传统民间节日、民间信仰、礼仪习俗、民间游戏、中国古代建筑技艺、民间手工艺……

各辑的主编、各册的作者，都是相关领域的专家。他们以适合儿童的文笔，选配大量图片，简约精当地介绍每一个专题，希望小读者们读来兴趣盎然、收获颇丰。

在你们阅读的过程中，也许你们的长辈会向你们说起他们曾经的往事，讲讲他们的"乡愁"。那时，你们也许会觉得生活充满了意趣。希望这套丛书能使你们更加珍爱中国的传统民俗文化，让你们为生为中国人而自豪，长大后为中华民族的伟大复兴做出自己的贡献！

亲爱的小读者们，祝你们健康快乐！

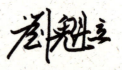

二〇一七年十二月

目录

社交有方：日常生活中的
交际礼节

| 社交有方：日常生活中的交际礼节 |

社会中的每个人都离不开交际交往。在家庭里，我们与父母、亲人交往来感受他们的关心与爱护；在校园里，我们与老师、同学在交往中共同学习、快乐成长；在朋友间，我们也需要通过交往来增进友谊，培养良好的人际关系。思想家马克思说过，人的本质是社会性的，是社会关系的总和。也就是说，我们每个人都需要依赖社会交往，才能得到发展和进步。

人们的社交活动自然不是随意进行的，具有与之相关的行为礼仪，也就是我们说的"社交礼"。今天，人们见面就相互挥手或点头致意，道一声"你好"，有时还要相互握手或者拥抱；去做客的时候带上小礼物，主人家会准备茶水、点心等进行招待，这些都是现代社交礼的一种表现形式。简而言之，社交礼指的就是人们在人际交往互动中的礼仪规范和风俗习惯。它涉及社会

| 明代周臣《雪村访友图》描绘了雪天拜访友人的场景 |

成员在相见、相识、往来等一系列交际场合所遵行的行为准则和文化理念，是交际双方能够和谐、顺利交往的重要开端。

人们要和谐、有序地开展社会交往互动，首先必须掌握日常交际的基本礼节，就如我们今天见面要相互挥手、点头打招呼，见到师长要鞠躬等见面礼一样，传统社交礼在人们行止坐卧、举手投足之间也都有规范的礼仪动作和丰富的文化意蕴，反映着不同场合下各类人的礼仪表达。下面，我们就一同来了解一下其中常见的一些见面礼。

1. 拱手

拱手和后面将提到的作揖两大礼节是传统社会最常见、沿用最久的见面礼，也是我们最需要好好掌握的社交礼节。古代孩童入学第一课就是学习拱手作揖，人们在路上或者家里遇见他人都要拱手作揖打招呼，这一礼节

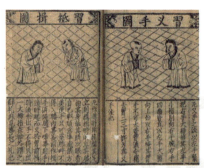

宋代《事林广记》记载了儿童学拱手礼仪

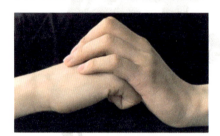

拱手礼

西周拱手玉人

唐代拱手妇人俑

直到民国时期仍在广泛使用。

拱手，又称为捧手，人们见面行礼时将双手互握合抱在胸前，前臂稍稍上举，向对方表达致意。拱手礼的历史非常悠久，在距今约两千年的词典《尔雅》上就有古人关于拱手礼的记载。行拱手礼的时候，要注意男女有所区别。一般情况下，男子左手握在右手上，女子则相反，右手要握在左手上。有学者认为，这主要是受到

| 宋代叉手男子
石刻 |

古人阴阳观念的影响——男子属阳，女子属阴，而左手代表阳，右手代表阴，所以男子以左为上，女子则以右为上。也有人认为，人们打斗时经常使用右手，所以男子拱手时就用左手覆盖右手来显示友善。

拱手礼在后来还衍生出几种类似的见面礼。比如唐宋时期的"叉手礼"，行礼时，用左手握住右手拇指，左手小指向着右手腕处，左

| 五代十国时期
顾闳中《韩熙载夜宴图》中描绘的叉手礼 |

手拇指向上，右手其余四指伸直，动作就像用右手掩在胸前，但要离胸八九厘米。还有一种是"额手礼"，顾名思义，就是将双手合掌举到额头处，向人致以感谢、崇敬、庆贺之意。拱手礼还衍生出"抱拳礼"，将原来的合抱手势变为拳掌相贴的手势，左手四指并拢伸直，拇指屈拢，右手握拳，左手紧贴右手背，现在传统武术界也还沿用着抱拳礼。

2. 作揖

人们见面时在拱手礼的基础上向前弯腰致意的礼仪，比拱手更加正式和隆重，我们称为"作揖"或"揖礼"。在古代的文献典籍《周礼》中，记载了天揖、时揖、土揖、三揖、还揖、特揖、旅揖等

几种揖礼礼仪。它们根据行礼双方的身份、地位和行礼场合的不同划分而成，其不同之处主要在于行礼时手部的动作及行礼的次数。例如：天揖是对尊长或同姓族人行的揖礼，行礼时双手抱圆，俯身前推，举到胸部以上。我们常见的孔子像行的就是天揖礼。时揖是平辈之间的常用见面礼，行礼时拱手向前，向水平方向推出。土揖，用于尊长向卑幼者行礼的情

孔子天揖像

形，行礼时尊长俯身将手略向下推出。

随着时代发展变迁，揖礼也衍生出一些其他类似礼节，比如"长揖礼""鞠躬礼""打恭"和"请安礼"。长揖礼行礼时拱手高举，自上而下鞠躬，用于向尊于自己的人行礼，是颇为隆重的礼仪。鞠躬礼行礼时双脚并拢，双手下垂，弯曲腰部以示敬意，与今天的鞠躬十分相似。在明清时期，有"打恭"一说，指的是见面拱手弯腰鞠躬的礼仪，表示恭敬、谦虚，或是谢意。请安礼，又称"打千儿"，即曲左膝，垂右手，上身微向前倾向人行礼。这一礼仪原是满族习俗，而后汉族也有行此礼的。如《老残游记》中描写人们见面时的情景："这一群人来了，彼此招呼，有打千儿的，有作揖的，大半打千儿的多。"说明打千儿作为相见礼俗得到了民众

|时揖礼|
北师大华章汉服社　供图

|长揖礼|
北师大华章汉服社　供图

|女子揖礼|
北师大华章汉服社 供图

|清代《日月合璧五星连珠图》中描绘的鞠躬礼|

|清代人见面打恭|

的广泛接受。

在古代，女子见到他人一般也行揖礼，行礼时身体肃立，右手在上，双手叠抱于腰前或左腰侧，身体微微鞠躬行礼。并且，传统儒家思想讲究"男女授受不亲"，也就是说男女之间不能直接接触，所以男女相见时，女子一般要有所回避，常常以帷帐、门窗等遮蔽。例如：《红楼梦》第十三回便有众婆媳在内堂说话，而来人报说男主人贾珍要进来了，众人急忙向内躲藏回避的情节，反映了当时女子回避男子的情形。

9

3.跪拜

跪拜指屈膝跪地、俯身下拜的礼仪动作，也曾是古人常见的见面礼仪。先秦时期，人们日常都是席地而坐的，因而见面时往往通过拜礼相互致意。《周礼》中记录了九种不同场合中的拜礼，称为"九拜"，它们分别是顿首、稽首、空首、振动、吉拜、凶拜、奇拜、褒拜和肃拜，主要区别在于行礼时动作、身姿尤其是头部和手部的高下深浅以及行礼次数。

其中，顿首、稽首、空首是最常见的三种拜礼。"顿首"，又称为"叩头、叩首"，是古时平辈或朋友间相见常用的礼仪，行礼时要屈膝跪地，俯身低头，拱手至地面，头也要跟着缓缓至于地面后

| 汉画像石拓片描绘了人们讲经时席地跪坐的场景 |

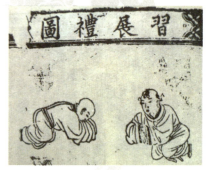

| 《事林广记》记载了儿童学跪拜礼仪 |

| 顿首礼 |

北师大华章汉服社　供图

再抬起。"稽首"的动作和顿首一样，区别在于头至地面后要停留一段时间再抬起，它是"九拜"中最隆重的一种，一般用于臣拜君、子拜父、郊祀天地等重要场合。"空首"，一般用于尊长对卑幼者行礼的场合，跪拜时头不触地，仅以两手空至地，再引头至手即可，也是常见的跪拜礼。

在古代，拜礼的次数也有讲究，一般而言都是一拜礼即可，但是当面对尊长时，或者在非常正式的场合中为了表达敬意还会再拜一次，称为再拜礼。而三拜及三拜以上礼只在极其郑重的特殊场合使用，比如向天地、君王、祖先行礼时，也就是我们熟知的"三拜九叩"大礼。

到了后来，随着桌椅等高足家具的推行，跪拜礼在日常相见中已比较少见，只有在官场和宗族内部中，卑幼者向尊长才行跪拜礼。唐宋时的人们将跪拜礼与揖礼相融合，诞生了揖拜礼仪，又称为"祗揖"。行礼时，需先拱手，而后低头弯腰下拜至于膝盖前部，随后起身叉手置于胸前。到了民国时期，民国政府颁布法令正式禁止相见时行跪拜礼，而改

｜民国时期《新编中华修身教科书》中描绘的学生见老师鞠躬的场景｜

用鞠躬脱帽代替传统礼仪，促使跪拜礼在日常见面场合进一步消失。如今，人们见面早已不行跪拜礼了。不过，在一些传统乡村，依然还可以看到宗族内部向长辈行跪拜礼的现象，这也许是传统跪拜礼的最后遗存了。

4. 握手

汉魏时期，流行一种"执手礼"，也称"握手礼"，即双方见面时拉手以表亲密、友爱之情。早在中国最早的诗歌总集《诗经》中就有"执子之手，与子偕老"的句子，表达不忍分别之情。魏晋时期以后，执手礼逐渐流行起来，成为人们日常相见时的常用礼仪。如唐代诗人李白就有"我愿执尔手，尔方达我情"的诗句，宋代著名词人柳永也有"执手相看泪眼，竟无语凝噎"的词句，都表露出作者丰沛的感情。

然而，握手礼成为今天我们看到的样子，是因它在清代以后受到了西方礼仪的影响，并在民国时期成为通行的相见礼仪。和现在一样，

| 清代徐扬《乾隆南巡图》中描绘的见面握手的情景 |

当时的握手主要用于相见会面的场合，行礼时，上身略微前倾，伸出右手与对方轻握摇动，并伴有问安语，礼毕即松开手。

5. 趋翔

"趋翔"是见面时有礼貌地快步行走，按照速度和动作不同可分为"趋"和"翔"。"趋"是指在遇到尊长时，为表恭敬而以低头弯腰、双臂张开、小跑疾行的方式经过。《礼记》中记载，在路上遇到先生，要趋行到先生面前，而后正立并拱手行礼，说明了路遇长者时的谨慎姿态。《论语》中不仅记录了孔子的儿子孔鲤见到孔子时趋行着经过的礼仪，还记录了孔子见到穿丧服者、着礼服者、盲人时，

坐着时必然起身，经过时必然趋行的仪态。而"翔"则是抬起手快步疾行的动作。在今天，我们见到尊长时，要快步迎上去主动行礼打招呼，这也是趋翔礼的演化。此外，在某些较为庄重的场合，还有一些不可趋翔的情形，比如在厅堂上或尊长的帷幔和帘子外边不可趋，自己手拿玉器等礼器时也不可趋，并且在室内，翔也是不被允许的。

上面介绍了传统社会常见的一些见面礼，接下来，我们再看一下古人在社交会面时的行止仪态、称谓用语以及日常礼节。

1. 行止仪态

常言道，"站如松，坐如钟，行如风"，古人在社

交会面时十分注意仪容仪表、行止坐卧的礼节，要求始终保持端庄有度的言谈举止，不能有不礼貌的行为。

站立时，身体要正直，不跛不倚，头颈不能歪斜，不要高声大叫、东张西望，遇到他人时要稍微弯曲身体，以示谦恭、尊敬。不能站立在门的正中央，更不能一只脚在门内，一只脚在门外，影响他人通过。

在坐卧方面，先秦时期的人们见面往往席地而坐，

| 坐容 |
北师大华章汉服社　供图

形成了一套座席礼。古人讲究坐的方位，人为规定了一些座位更为尊贵，称为"上席"。如先秦时期，士以上贵族的正式会面一般在厅堂，上席一般在北侧南向位置，其次是东侧西向位置，再次是西侧东向位置，最后是南侧北向位置。日常见面待客，则多在厅堂后的室内，上席往往在西侧东向位置，其次是北侧南向位置，再次是南侧北向位置，最后是东侧西向位置。而在更加随意的场合，主宾之间也会东西相对而坐，以示亲近。此外，还有一些座席仪规需要遵守，例如：要坐有坐相，保持安定、端庄、正视的神情，不可嬉笑；不能"箕踞"，也就是不能两脚张开、两膝微曲地坐着；平时坐，

要靠近席子的后面些，以表谦逊；而饮食时，则要坐得靠前面些，以免食物弄到席上；并坐时，不可横肱伸足（伸长胳膊和腿），以免影响他人。同时，还要注意同席的人数及对象：同席不可超过五人；男女间满七岁便不可同席；父子不可同席；女子出嫁后再回到娘家时不可与兄弟同席而坐，等等。直到桌椅替代座席后，古人不再席地而坐，但是座席位置、端正坐姿等礼仪得以沿袭下来，并且在待客和饮宴中，还有专门的座次礼仪，后文会有所提及。

行走时，古人讲究要秩序井然，男子行右侧，妇人行左侧，车马走中央；长幼之间随行，兄弟之间应像飞行的大雁一般横列展开、依次行走；朋友间不可逾越，也不能从两个并立的人中间穿过。同时，对于尊长和一些特殊群体也要注意让行，

| 汉代壁画《车马出行图》中的乘车和骑马场景 |

比如，不能走在路中央，要将中间让给尊长行走；狭窄道路处相遇，晚辈要让尊长先走；行走时不可先于尊长与人招呼，要为长者负担重物；空手者要避让执物、挑担者；推车者、骑乘者要避让行人；小车要避让大车。此外，在家中也有行走规范，如进出门时不可踩踏门槛；在厅堂行走要迈小步，后脚紧跟前脚的一半，表示谨慎、恭敬；主人陪同宾客上台阶时，不要一脚上一个台阶，而是前脚登上台阶并等后脚跟上与之并齐后，再上下一个台阶。相反，有急事时才可以跨阶而上，等等。

2. 称谓用语

在人际交往中，用语得当也非常重要，如何选择适当的称呼、称谓、交际用语也是社交礼仪的一部分。一般而言，古人强调对对方用尊称、敬语，对自己用谦称、谦辞，见面要寒暄问候，交谈时要注意避讳，这种卑己尊人的态度既反映了自身的涵养，又促进人们和谐相处，有利于社交活动的开展。

尊称，也叫"敬称"，是人们交谈时向对方表示尊敬、客气的社交用语。比如称呼对方，会有"汝、君、卿、先生、阁下、足下"等一些类似用语，就好像今天常用的"您"一样。称呼与对方相关的人，则加上"令、尊、贤、仁、贵、高、芳"等修饰词，如称呼对方父母有"令尊""尊父""令堂"等用语，称呼对方儿女有"令郎""贵子""令爱"等，以表达尊敬、赞美之意。还有一些敬语涉及对方的行为动作，最常用的有"请"，如"请问""请坐"等，还有诸如"惠顾""光临""屈尊""垂询"等词，都是在语言表达上尊崇对方的体现。

谦称，与尊称正好相反，是用于自己或己方亲属，表示谦虚的社交用语。常用词有"愚、鄙、敝、贱、拙、先、小、下"等。如称呼自己有"愚兄"（用于比自己年小者）、"鄙人""在下"等词；称呼家人有"家父""贱内""舍弟""犬子""小女"等词；称呼自己的房子有"寒舍""舍下""蓬荜"等词。这些谦辞既体现了说话者的身份低微，同时也反映出说话者的谦逊和修养。

在称呼上，古人虽有名，但在成年后也会取字。《颜氏家训·风操》中载有"名以正体，字以表德"的语句，也就是说：名用来表明自身，而字用来表明德行。所以，名主要用于自称，也供同辈或长辈称呼用；字则体现尊重的意味，供他人称呼自己时用——直呼其名则被认为是不礼貌的。并且，古人还特别讲究避讳一事，对于君主、圣贤、尊长、亲人的名字要避免直接说出或写出，应采用改字、改称呼等方法来表示，以体现对这些人的尊崇。三国时，就有一则这样的故事，常林父亲的朋友前来拜访时向七岁的常林责问道："伯先（常林父亲的字）在家吗？你见长辈为何不揖拜？"常林则答道："虽然应该有礼貌地对待客人，但是您对着儿子称呼他父亲的字号这一行为有失礼仪，我又为什么要揖拜呢？"可见当时避讳对于孩童来说都是一项仪规，拜访时注意避讳很重要。

人们相见，还有问候起居、寒暖的客套话，称为"寒暄"或"暄寒"。乐府诗《门有车马客行》中就有"拊膺携客注，掩泪叙温凉"的句子。唐宋时，还出现了发声致敬、口道颂辞的见面礼仪：男子的礼仪称为"唱喏"或是"声喏"，即出声答应对方；女子的礼仪称为"万福"，即道"万福"的祝福语，这

| 明 代 戴 进《溪桥访友图》中的拜访友人的场景 |

一礼节一般伴随拱手、作揖或者叉手礼并行，常用于卑幼者拜见尊长。再到后来，"寒暄"就成为一种普遍的社交习惯，大家初次相见，双方拱手致意时都会说"久仰久仰""幸会幸会"，表示很高兴认识对方，从而拉近双方的距离，然后再询问他人的姓名、字号、年龄等情况，如"请问贵姓""请教台甫""敢问贵庚"，等等。在日常见面场合，除了有"您好""又见面了"等会面语外，还可以进行一些简单问候，如"吃了吗""忙什么呢""去哪儿呀""最近好吗"等。对于许久不见的情形则有"别来无恙""久违了"等用语，而当双方分别时则会有"再见""再会""代问家里好""有空来家玩"

等问候语，这些话语都和我们今天的礼仪相类似，表达我们对对方的问候及关怀，营造一种融洽的见面氛围。

3. 日常礼节

古人在平常相遇时，就会运用一系列我们前面说到的礼节来进行交际。例如：与人相逢一般都按照长幼尊卑之序相互拱手作揖，还要有唱喏、道万福等礼仪，并相互寒暄几句。如果在自己家门口遇见熟人，行礼招呼后还要主动请对方进屋来坐，并以礼相待。

当然，如果对方是尊长，还要更加谨慎地趋前揖拜。尊长与其交谈则出言以对，否则便立于道路一旁等待尊长通过，尊长走过后还需再次作揖，然后方可继续行走。

|宋代张择端《清明上河图》中描绘的见面揖拜进入饭馆的场景|

唐宋时，人们要求得更加细致：与尊长见面时，如果是两天以内没见面，向尊长行一拜礼即可；如果是两天以上、五天之内没见面，则要向尊长行再拜礼；超过五天没见面，则需要行四拜礼。可见人们对于尊长的尊敬和重视程度。

如果相遇双方都骑马或乘车，则要自觉分开，至道路两边行走并相互作揖。只有自己骑乘的情况下，要下来作揖，待对方过去后再回去。在尊长骑乘而自己步行时，则要回避对方，避免使尊长下来。在自己骑乘而尊长步行的情况下，远远望见便要下马上前作揖，待尊长过去且走远后方可上马或上车继续前行。

除此之外，在民国时期，民间社会受到当时西方文化的影响，开始盛行点头礼、挥手礼、注目礼、拥抱礼乃至亲吻礼等新式礼仪，并且称呼用语也有较大变革，比如过去的"老爷""大人"等称呼改用"先生""同志""君"等相称。新式礼仪虽然在社会上逐渐推广开来，但传统社交礼在民国时期仍有所保留，特别是在偏远城市或乡村中，人们日常相见往往还是遵行拱手作揖等传统礼仪。正如鲁迅先生在《故乡》一文中所写，儿时称呼他为"迅哥儿"的好友闰土在阔别多年后改称其为"老爷"，并要自己的儿子水生向鲁迅磕头，这就反映了传统习俗在普通民众特别是农民中仍然一时难以转变。

清代《日月合璧五星连珠图》中描绘的车马及行人

唯礼是依：礼仪典籍中的

「士相见礼」

| 唯礼是依：礼仪典籍中的"士相见礼" |

在中华文明的早期阶段，我们祖先们的社交礼是什么样子呢？追根溯源，早在两千多年前的先秦时期，儒家创始人孔子及其门生整理之前的礼仪文本，编撰了一本礼仪大全，叫作《仪礼》。这本书中有一篇《士相见礼》，就专门记录了士阶层社交礼仪的基本形态。士是当时贵族的最底层，身份有时与普通民众相近，所以他们的礼仪规范反映了当时民间的一些社交礼。先秦时期，人们的社交会面，主要分为五个步骤，每个步骤都有非常严谨的要求，十分讲究谦让恭敬，如果有人不

认真执行的话就可能会被认为是失礼的人。并且，我们还可以从出土的汉画像石和它们的图案拓片上了解到当时人们会面的场景。画像石

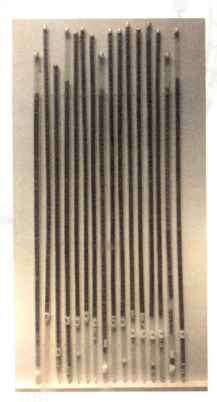

| 西汉《仪礼·士相见礼》木简——这是目前所见《仪礼》的最古写本 |

《仪礼》（清代刻本）

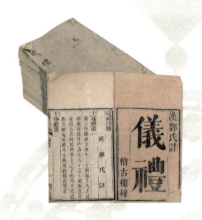

汉画像石：谒见

汉画像石拓片：谒见

是一种表面有模印、彩绘或雕刻图像的古代建筑用石，

上面的图案大多反映了当时的社会文化，具有很高的研究价值。下面，我们就一起来看看当时的一些礼交礼。

1. 介绍礼

先秦时期，人们非常重视见面礼仪，双方的第一次见面更是不能随意，宾客需要有介绍人的引荐，才能前往主人家中会面。介绍人一般是具备一定社会名望的人，而没有介绍人的引荐就贸然去陌生人家中拜会很可能被认为是有违礼仪的鲁莽行为。

经过介绍人的提前沟通，得到主人的同意之后，宾客便前往拜会。当宾客到达主人家门外，主人已经恭候在家中，之后便有一通会面的谦让礼节：宾客首先向主人说明是介绍人沟通过的，表达自己拜见的意愿。主人则会推辞说哪能让对方来拜会自己，要自己拜会对方。如此相互推让，既显示出主宾双方互相尊重，又使主宾之间达成了初步的了解和沟通。

2. 挚见礼

宾客去拜会主人，一般要送上见面礼，表达宾客对主人的敬意和祝愿。《仪礼》中把这类见面礼称为"挚"，把送礼的礼仪过程称为"挚见"。不同社会地位的人赠送的挚也有所不同，既体现身份尊卑，也具有对应的寓意。挚见礼有严格的等级规范，宾客既不可越轨行事，也不可低于要求。我们可以通过下面的表格来了解一下。

宾客身份	使用的挚	寓意
诸侯	皮帛	用皮帛的精美纹饰来彰显其尊贵地位
卿	羔羊	羔羊都会跟从领头羊，寓意卿能够遵从君主的命令
大夫	大雁	大雁迁徙飞行时队伍整齐，寓意大夫能遵从国君之政教、法度行事，秩序井然
士	雉（野鸡）	雉性情刚烈，不易被人活捉，寓意士坚毅不屈的节操
庶人	鹜（野鸭）	鹜不会迁徙，寓意庶人稳定生活，安土重迁
工商业者	鸡	鸡知道报晓，而且商人经常蓄养它们，寓意商人看准时机行动，既守规矩，又擅长经营

从富含美好寓意的礼物可以知道，当时人们赠礼的目的是表达对对方道德品行的称赞。除此之外，在《诗经》等书籍中还记载了见面时赠送钱币、布帛、鹿皮、瓜果、芍药、花椒、彤管、玉器、车马等多种多样的礼物，反映了当时民间见面礼的丰富多样。

现在，我们再具体说一说士拜会时的礼节。士拜会的时候，要双手捧雉送给主人。主人要按照礼仪谦让一番，一再地推辞不接受。经过三次辞让后，主人最终接受宾客所赠送的礼物。下图展示的这块汉画像石上就描绘了历史上非常著名的一次会面——孔子见老子，也就是儒家创始人孔子拜见道家创始人老子并向他询问礼法的会面。在画面中，我们看到右边的孔子正在向出来迎接的老子赠送雉，他们互相行拜礼。通过汉画像石生动的描绘，相信大家对于挚见礼有了更加具体形象的理解。

| 汉画像石：孔子见老子 |

3.迎送礼

迎来送往是社交礼仪的重要内容，也是主人迎接和送别宾客的礼仪规范。在完成挚见礼后，主人要把宾客迎入家中，会见后还要把宾客送出门外，表达主人对宾客的热情欢迎和重视。虽然迎客和送客发生在会见前后的不同时段，但是由于它们是属于同一类型、相互关联的礼仪，我们就放在一起来讲解。

首先，主宾之间要先完成一套见面礼仪。主人接受挚礼之后，亲自出大门外迎接宾客，向宾客行再拜礼，

宾客则用再拜礼回应。再拜礼，我们在前面说过，就是向对方两次揖拜，表示敬意。接下来，主人迎入宾客，主宾从门的右侧进入，宾客则双手捧挚从门的左侧进入。随后要进行礼物的交接仪式：主人面朝西面向宾客行再拜礼，从宾客手中接过挚，

宾客则面朝东面向主人也行再拜礼，并将挚奉上，然后走出大门。

随后，主人再派传话的人去请宾客再次相见。因为前次相见以郑重行礼为主，而这次相见则重在结交友谊、畅快交谈。宾客便返回与主人相见，进入大门，前往厅堂。需要注意的是，古代有的人家从大门到厅堂之间还有几道门隔开，每次进门，主宾之间都要像在大门处一样相互揖让一番，并且到了厅堂外的台阶处也要揖让一番才进入厅堂，开始会面。

宾客完成会面后便可离去，主人要亲自送宾客到大门外，并向宾客行再拜礼。这就是士阶层的基本迎送仪节。而大夫及大夫以上阶层的人在社交会面情形中，为了凸显庄重和等级，礼节则会更繁复一些。

4. 饮宴礼

先秦时期，主人常常准备酒宴热情地招待宾客，尤其是当时的贵族阶层，在众多聚会场合必定举行大小不一的饮宴活动。在不同规格的饮宴中，复杂的有40多道礼仪程序，相对简单的也有20多道仪节，时间跨度也是多则一日，少则半日，可见其隆重盛大的程度。

| 汉画像石拓片：迎谒 |

在日常见面的饮宴活动中，主人备好餐食，请宾客留下享用。用餐前，主人将菜肴、酒水摆到每位宾客的席子前，这时宾客起身感谢，主人要辞让，并请宾客坐下。食物摆放也有一定讲究：摆放要方正，不可凌乱，羹食一类居于右手，便于用匙取食；肉食则居于左手，便于用手拿取。随后，主宾都需要盥漱，也就是洗手漱口以保持用餐卫生。通常，人们用餐或饮酒前还要祭祀祖先，感谢创造食物的先人，称为"氾祭"，也称"遍祭"或"周祭"。

进餐时，也有许多规范。比如，主人要常劝宾客吃菜，还用音乐、歌舞等来帮助宾客进食；宾客则要表现得谦虚谨慎，不能随意食肉，要

先行"三饭"之仪，即宾客先吃三小碗饭，然后说吃饱了，主人则劝其食肉，宾客方可进食肉类；主人亲自取菜，宾客必须拜谢后食用；宾客不能只顾自己吃饭，要礼让主人先吃，并且从自己近前食物开始食用，不可贸然取食，等等。此外，还有一些主宾共同的禁忌，比如不可将米饭团成大团，以免有争抢食物的嫌疑；不能将入口的饭菜放回器具中；不

汉画像石拓片：饮宴

能没有吃相，如长饮大嚼、发出声响或满口塞满食物等；不能因为喜欢一道菜肴就一味拿取；不能将饭粒扬起；不能在吃饭时剔牙；不能将骨头扔给狗吃；不可将汤饭弄得满桌；吃饭时不要唉声叹气，等等。可以看到，这些规矩和我们今天的用餐礼仪也有很多共同之处。

在饮宴时，主人除了劝宾客吃菜，还要同宾客互

相敬酒劝酒——酬酢礼，便是主宾之间在正式饮宴时行的敬酒礼仪，包含"献""酢""酬"三种形式。主人先向宾客敬酒，称为"献"，体现主人对宾客的郑重款待之意和宾客对主人的辞谢谦让。敬酒需要以长跪姿势（指直身而跪的恭敬姿势），如果尊长向卑幼者敬酒，后者还要离席以示恭敬。之后，宾客酌酒回敬主人，称为"酢"；主人再劝宾客饮酒，称为"酬"。如此一献、一酢、一酬，统称为"一献之礼"，由此完成主宾之间的敬酒往来，既

拉近了双方的情谊，也增进了席间的社交互动。

宴饮即将结束时，主宾双方还要尽量保持速度一致，不可一方吃完就撤下另一方。结束时，还要用饭浆漱口，以保持清洁。此外，如果主人为尊长，宾客还要自行跪在食案前整理餐具及剩下的食物，并交给主人随从，称为"彻"。等到主人说宾客不必彻时，宾客才停止坐下，进一步体现了对尊长的尊敬。

5. 复见礼

经过迎客、待客、饮宴和送客等礼仪环节之后，本次的会面就告一段落了，但这并不是全部内容，因为按照传统礼仪要求，被拜访的士过一段时间需要带上之前宾客所赠的挚进行回访，以感谢前一阵子宾客上门的拜访。这时主人和宾客的身份就互换了，但是主宾双方还是按照之前的礼仪规范再施行挚见、迎送等礼仪。至此，士相见礼全部仪节才算完成。

上面这些社交礼仪主要出自《仪礼》一书。《仪礼》作为先秦时期的礼仪规范大全，首次对社交会面礼仪进行了详细的文字记录，重现了先秦时期社交礼仪在士阶层的基本形态。此外，《仪礼》还记录了君臣相见、士与士大夫相见、庶人与君相见等社交场合的礼仪规范。由此我们知道，先秦时期，主宾相见已经有一套完整而严格的礼仪规范，这是目前所知的中国传统社交礼最早的系统形态。先秦祖先们用庄重的礼仪规范、得体的动作仪态和谨慎的社交用语，充分表现了谦虚好客、恭敬郑重、和谐有序的社交风范。当然，在后世数千年的传承转变中，社交礼也不是一成不变的，它在遵循祖先的基本范式的同时，也随着社会的发展变迁而不断发生新的变化。

礼尚往来：礼宾待客的
社交礼俗

｜礼尚往来：礼宾待客的社交礼俗｜

前面我们介绍了中国先秦时期最早的社交礼仪系统，接下来我们依照社交礼中礼宾待客的各个环节，来了解一下之后社交礼俗的变化发展。礼宾待客，大体分为迎客、请客进门、揖拜入座、款待相谈、宾客告辞及送客等流程，每个环节都有相应的礼仪规范。随着时代变迁，各个环节的社交礼仪都发生了一些变化。但是需要说明的是，几千年来，无论礼仪形式怎么变化，"礼"的精神始终是人们开展社交活动的根本宗旨，大家一直都秉承"来则报之以礼、去则答之以礼"的社交观，形

成了中国人"礼尚往来"的日常社交礼俗。

1. 拜访

在古代，较为正式的登门拜访称为"拜谒"或"拜见"。汉魏时期，拜访某人需要先行"投刺"，也称为"谒刺"，就是前来拜访者向主人递交名片，用来通报姓名，这可以看作是先秦时期介绍礼的延续。古人非常重视这一礼仪，除非是赴宴或已经受主人邀请的情形，否则宾客拜访投刺是必要仪节。而主人也不可怠慢，负责传话的人要及时通报回应来客，主人则视情况出迎。

谒刺最早是竹制或木制的，后来发明了纸张，谒刺也转变为一种名纸，上面题写拜访者之姓名、官职、籍贯、拜访事由、祝福语、日期等信息，历来被称为"名帖""门状"或"拜帖"。到了明清时期，在日常相见时则很少用名帖，一般在门前报名即可，但正式拜会相见时使用名帖还是十分普遍。明代拜谒时流行使用红纸黑字形制的"红帖"以示庄重，其依据主宾之间地位的不同而有所变化，并且地位越尊贵，名帖的姓名也写得越大。

当然，上面提及的投递名帖的礼仪都是针对较为正式的社交场合的，而在民间，百姓日常会客一般会简化一些，宾客只要自行介绍自身情况和来访事由，或说明是谁介绍而来，主人往往也不会过多计较，而将其引入屋中加以款待，反映了传统社交礼的好客情怀。

同时，会面送礼也逐渐普遍起来，在远来拜会、初次见面、拜贺凭吊等拜访场

| 三国时期朱然墓出土的木刺 |

合都有送礼习俗，用来拉近关系、促进认同。比如清代文学巨作《红楼梦》中就描写了很多会面场合：北静王初会贾宝玉时赠给他御赐念珠；江南甄府家眷来京后送与贾家各类绸缎作为见面礼；冯紫英家赠予在庙中遇到的贾家人猪、羊、香烛、茶食之类礼品；还有刘姥姥进贾府时带着枣子、南瓜、野菜等一类土产作为礼物，

|清代拜帖样式|

某某先生鉴

某某某

近来如何如何 今将某物奉

上如何如何 即问近祺

拜

等等。在正式场合中，礼物一般一并书写在拜帖上，也有专门写在一张"礼单"上的。主人家既可照单全收，也可拒收，或收取部分，并于礼单处注明"敬领""敬谢"等表示谢意的字样后退还来客。

此时，礼物的种类也变得丰富多样起来，远超先秦时期。在士民阶层，赠送的礼物有钱粮、土特产、鸡鸭、猪肉、酒食、衣物、书籍、器用等各类物品。而在官员阶层，则赠送钱财、金银、珍宝、瓷器、茶货等贵重物品。当时政府还为此专门制定法律要求送礼要符合双方的关系，既不可过于简陋，又不可过于奢侈。现在我们拜会赠礼也是如此，往往赠送一些水果、糖果、糕饼、

牛奶、保健品等物品表达心意，人们喜欢用红色塑料袋或者包装盒携带礼品寓意吉庆，并且拜会长辈时也有以红包作为代替的，但是仍然不宜过分奢侈，因为这样反而失掉了赠礼的本意。

2. 迎送

可以说，迎送礼随着时代更迭也不断发生变化。一般而言，迎送都在屋宅大门或厅堂处进行。宾客拜会时，主人要整理衣装，到家门前迎接，然后见面揖让、相互寒暄后，再请宾客入门，到了厅堂里，再相互揖拜后入座。宾客离开时，主人要将宾客送到门外并表达没有好好款待的歉意，而宾客则要感谢主人的热情款待，再相互作揖拜别。对于尊长，主

人更要恭敬，往往要快步出迎，拜别后还要目送其离开。

在汉魏时期，在大门处迎送宾客已经成为日常相见礼的基本要求，有"门不停客，古所贵也"（即不宜让来访宾客过久滞留在家门前）的说法。但先秦时期的许多仪节到了汉魏时期已变得从简，前面提到的《士相见礼》中数番揖让的情形在汉魏时期已不多见。古人十分注重迎接宾客的准备工作，还有"拥彗迎客"或"扫门"一说，即贵客到访之前，主人要打扫庭院、房室，手执扫帚立于门外恭迎宾客入内，体现主人家对宾客的欢迎和尊敬。著名典故当属《史记·高祖本纪》所记载的一则故事：汉高祖刘邦的父亲刘太公听信家令（汉代皇家的属官，主管皇帝家事）"子主父臣"的说法，把来看望自己的刘邦作为家中贵客，亲自手持扫帚倒退扫地迎接，结果反而使作为儿子的刘邦大吃一惊，急忙上前搀扶老父。这则故事从侧面说明清扫迎客是当时待客的重

西汉《迎宾拜谒图》

要习俗。东汉时期的文学家、书法家蔡邕听闻大名鼎鼎的文学家王粲要来家中拜访，便迫不及待出门相迎，竟然将鞋子都穿倒了，由此有了"倒屣而迎"的典故，反映了当时人们在门前热情迎客的礼仪。当然，对于门前迎客这一礼节，地域之间会有细微的不同，《颜氏家训》便记载了当时南北方迎送礼节的差异——北方迎送宾客都到家门口，南方则一般不在门前迎宾，送客离席即可。

宾客在临时拜会时往往还要询问主人家是否得便，如方便则可投刺请见，如有所妨碍，则需要等候或返回，待其方便时再访。对于提前约见者，如果主人遇事或遇雷雨天气还要派人告知宾客延后相见，避免给宾客添麻

汉代石墓门：拥彗捧盾

宋代石刻"童子启门"中的童子左手持扫帚，右手作开门状

《松壑会琴图》展现了门前迎客的场景

烦。另外，如遇到远道而来的宾客，主人则要出门相迎，依据长幼尊卑之序或迎之五里，或迎之三里，并约定一处相会，见面依礼揖拜，并邀至家中以酒食款待。例如：《水浒传》中描写宋江兄弟二人前往柴进庄上时，柴进急忙大开庄门，出门迎接宋江于庄外凉亭处，更与宋江在地上对拜相见。入庄之后，柴进设宴款待，几人谈笑言欢，再三劝饮到深夜三更天。次日，柴进又大摆筵席，加以热情款待，可谓是十分隆重的招待宾客的礼节了。

在送客方面，宋代流行以草药、果蔬一类材料熬制而成的特制汤水送客，称为"点汤"或"设汤"，主要为了在主宾长谈之后起到补气养生的功效，也以此表达

| 明代周臣《柴门送客图》展现了送客出门的场景 |

主人对宾客的关爱。由此也衍生出送客之义，即饮茶一般意在迎客、留客，而点汤则意在送客、遣客，所以当时有"送客汤"的说法。到了清代，则出现了"端茶送客"的习俗，多发生在拜见尊长的情形，即宾客离去时须得主人许可，或者是主人有所不便希望宾客离去时，

则会端起茶水敬宾客，宾客便会意起身告辞，以此委婉地表达送客之意。

宾客来拜访离去后，主人方便的话还需要去对方家中拜访，特别是尊长来见后，一般必须进行回访。回拜时，主人和宾客的身份就对调了，之前的主人也要准备相应礼品，相约好大致时间前往。先前的宾客则做好接待准备，按照前面说的礼仪接待即可。若不回拜，则被视为对之前来者的无礼行为。

3. 待客

主人家将宾客迎接进门后，主宾之间相互迎让来到厅堂里落座。这时主人家也早已为宾客将桌椅擦拭干净，并按照一系列礼俗规范来招待宾客，展示热情好客

的家风，这也是社交礼俗的核心环节。

首先是主宾按照规定座次入座。汉魏以后，胡床、交椅等高足桌椅出现，逐渐代替了原来的座席，人们不再席地而坐，而是坐在椅子上垂足而坐。到了明代，待客家具的主角是一种四边等长的大方桌，称为"八仙桌"。它凭借经济牢固、方正大气、使用方便等诸多优点，迅速在明清社会上下阶层的日常

明代尤子求《麟堂秋宴图》中展现的八仙桌

生活中普及开来。即便在今天，我们也能在很多家庭里看到八仙桌的身影。

在坐姿方面，讲究要"正襟危坐"，就是说要正直身体、双足自然下垂，端正地坐好，不能随意斜倾身躯倚靠在椅背上。主宾入座前也要相互行礼致意。在座次上，依旧讲究要"对号入座"，即按照长幼尊卑之序依次谦让落座，尊长一般面南上坐，主人位于下首面北而坐；平辈之间则宾客面西而坐，主人面东而坐；卑幼者则面北而坐，主人面南上坐。八仙桌的座次流传到今天，以"左比右大，上比下尊"的原则落座，通常将面向大门、背靠厅壁方向的座位称为"上席"，背对大门、面向厅壁方向的座位称

为"前席"，剩余两侧的座位则称为"旁席"。

五代十国时期南唐周文矩《琉璃堂人物图》展现了主宾座次

落座之后便要招待宾客。秦汉之时，人们多以酒水待客，主宾席地而坐、相互劝饮，一派其乐融融的景象，如《三国演义》中描写曹操邀请刘备府中相见时便是于园中摆设樽俎，青梅煮酒，两人对坐饮酒而论天下英雄。

到了汉魏时期，风俗移易，饮茶之风逐渐进入寻常家庭，以茶待客的习俗也初现端倪。这一风俗在唐宋时期就已经成为天下的通俗：

主人家会客时，除了供上各样瓜果、点心等物待客之外，还会给每位宾客敬上一杯茶水，时人称之为"点茶"。以茶待客也有相应礼仪。主人请宾客入座后一边稍作寒暄，一边烹茶招待，开始饮茶后再交谈事情。敬茶时，主人以茶托盛茶盏或茶杯送

| 唐代阎立本《萧翼赚兰亭图》中左侧童子正烹茶待客 |

| 宋徽宗赵佶《文会图》中下方童子正在准备茶汤 |

至宾客面前，茶盏或茶杯中的茶水不可过满，要按照宾客次序依次奉上。宾客喝茶既不可过快，也不可饮尽，需留有少许，这时主人要及时续茶。《瓮牖闲评》中便指出"主人则有少汤，客边尽是空盏"是失礼可笑的事。

除了以茶待客，主人家还要准备各种各样的物品来招待宾客，以此彰显热情、细致的招待，比如端上点心、瓜果、糖果等食品，有的地方还准备米酒、鸡蛋、面线等用来待客，有些地区在饮茶聊天过程中，主人家还为一些远道而来的贵客准备热水、毛巾用来洗手洗脸，寓意洗尘。明末之后，随着烟草的传入和普及，人们相见时还常以旱烟、水烟、鼻烟招待宾客，成为明、

清以后新兴的待客习俗，一直延续至今。

4. 饮宴

主人还常置办酒食招待宾客，在菜肴、座次、用餐、饮酒等各个方面都有相应的礼仪，而其中一些传统礼仪时至今日仍然在沿用。

通常，如果主人是专门设宴请宾客来家里做客，他就要先向宾客投递名帖或请柬说明筵席举办的时间、地点、事由等信息，诚意邀请宾客前往。例如：唐代诗人白居易就曾作诗问好友刘禹锡是否前来饮酒——"绿蚁新醅酒，红泥小火炉。晚来天欲雪，能饮一杯无？"寥寥数语表达了主人亲切、诚挚的邀请。宾客受邀后，要回书告知是否能赴约，如能赴约，应如约准时前往。在正式场合中，宾客常常准备礼物赠以主人以表达感谢之情，而一般的相见饮宴则往往不予赠礼。

在聚会邀请中，需要注意主宾之间的长幼尊卑。凡是宴请尊长，需要亲自前往投递邀请书，尊长答应便拜谢，辞谢则不再强求。宴会结束后的第二天，主人还需要前往长者家拜谢其屈驾到宴。邀请平辈的人，主人派人以文书告知即可，宴后再传话感谢。邀请年幼者，则用一般信函告知或传话告知即可。

聚会当日，主人在家门口迎接宾客前来，将其迎入客堂茶叙之后便落座饮宴。古代社会有"分餐"和"共食"两种不同的用餐方式，它们有各自的座次规范，但一般都以尊长或专门被召请者为上宾而就坐上席。

分餐制就是每位宾客都有一张单独用餐的桌子，主人为每位宾客提供单独的食物摆在桌上。比如在《史记·项羽本纪》中描写的鸿门宴采用的就是分餐制。在座席方位上，我们看到："项王即日因留沛公与饮。项王、项伯东向坐；亚父南向坐——亚父者，范增也；沛公北向坐；张良西向侍。"这里刘邦作为宾客本应坐在东向的位置，但是

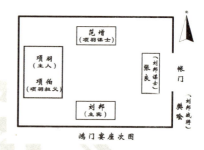

|鸿门宴座次图|

项羽却占据尊位，显示了他的傲慢无礼。又如古代名画《韩熙载夜宴图》便描绘了韩熙载邀请当年新科状元郎粲饮宴时的情景。我们从画中可以看到韩熙载居于东侧主位，被邀的正宾郎粲居于西侧正宾位；主掌朝廷五礼仪典的太常博士陈致雍居于第三位，也就是画中背对我

|五代十国时期
《韩熙载夜宴图》
中展现的座次|

们的人；紫薇郎朱铣居于第四位，与陈致雍对坐；教坊副使李家明则坐于下位；其余还有韩熙载的门生舒雅等人只能在旁侍立。此画生动再现了当时饮宴时的座次礼仪，反映了传统的分食座次。

共食制就像我们今天这样，大家聚在一张桌子上吃饭——有时是八仙桌，有时是大圆桌，所有菜肴都被放在这张桌子上，主宾按照座次规范在一桌共食饮宴。例如：在《水浒传》中，宋江至柴进庄上时，柴进以酒宴待之，柴进请其坐于正位，柴进对席，宋清坐于侧首，宋江则请武松一同坐于上首，武松再三谦让并坐于第三位。

主宾就座以后，陆续添上酒菜，酒宴中的菜肴也很有讲究，往往具有一些寓意。主人一般先给宾客斟上美酒，然后主人举杯向宾客敬酒，并适当致以祝词，欢迎宾客来访。宾客也举杯致意、回敬主人。敬酒时，如果主人一饮而尽，宾客也最好一同饮尽；若主人起身敬酒，宾客也要起身回应。

随后，主人先行拿起筷子请宾客用餐，宾客便跟着拿起筷子用餐。主人要不停地劝宾客吃菜和饮酒，且专指几道好菜请宾客食用，还要给宾客夹菜、斟酒，充分展示主人的热情好客之态。用餐时，主要的宾客也需要

宋代《夜宴图》中的饮酒场景

再回敬主人，并再致叨扰、感谢之辞，其余宾客也随着主宾一同敬酒。此后，主宾之间便可自由互相敬酒、饮酒了。

敬酒时，主人按照宾客长幼尊卑的顺序依次敬酒，一遍敬下来称为"巡"。一般一场饮宴则饮酒三巡或五巡，不超过七巡，否则就是不合礼仪的醉酒行为。敬酒时，一般需要饮尽杯中酒，否则其他宾客便会劝酒。人们敬酒时，一般都致以祝福

语作为敬酒辞，有"举杯相属"的说法，如唐代诗人元稹写有"归来高堂上，兄弟罗酒尊。各称千万寿，共饮三四巡"的诗句，就描写了敬酒祝寿的场面。俗语云："酒过三巡，菜过五味。"大家都吃饱喝足了，便是饮宴终了的时候。主宾离开饭桌后，主人要么送宾客离开，标志着一场饮宴款待的结束，要么返回到厅堂与宾客继续饮茶相谈。

此外，传统饮宴礼仪中是没有碰杯的习惯的，到了近代，受到西方礼仪的影响，碰杯才在社会中流行起来。在饮宴敬酒时，双方均单手持杯平举，相互轻碰酒杯。在多人饮宴时，常常是主人致以祝酒词，并且邀请众人举杯相互碰杯同饮，随后则

| 汉画像石《宅院》中描绘的厅堂上主宾对酌的场景 |

是按照长幼尊卑的顺序，先从尊长开始敬酒。

5.会客待客的一些细节

前面几小节，我们重点讲了宾客来访时的基本社交礼仪规范。其实，在这些规范里面也还有许多细微的礼节需要遵守，如果忽略了这些细节，也会被他人认为是不懂礼貌的行为。下面，我们就从几个方面举例来看。

在日常会面中，在迎送方面，主人要整齐着装会客，不能打赤膊、穿短裤见宾客。宾客也要着装正式，不可花里胡哨；进出门时不可踩踏门槛；躬身揖拜时需要严肃、齐整；宾客确定要走时，主人应起身相送至大门外，并向宾客行拱手礼或是握手礼。在座次方面，如果尊长

还站着，卑幼者便不可先落座；坐要有坐姿，不可弯腰驼背、精神萎靡，与长辈在一起时不可架"二郎腿"等。对宾客而言，无主人允许不可擅自行动；作为宾客，不可去招呼其他宾客，以免让人感觉主人招呼不周，等等。

在餐桌上也有很多礼仪细节。其一，在餐具布置上要干净、整齐、协调，如方桌应配条凳，圆桌应配圆凳、板凳；碗筷摆放要规整，不可将其交错、倒置、倒扣等。其二，用餐时要正确使用餐具，如筷子拿法要正确，不可反着或扭着夹菜；夹菜只能夹靠近自己一方的，切不可用筷子乱挑、乱翻；不可专挑一两个好菜夹取；吃饭时要正坐，左手要端碗，不可放于桌下；碗筷要轻拿轻

放，不可发出声音。其三，在斟酒吃菜方面，如斟酒时要先人后己，放酒壶时，壶嘴要对着自己，不可对着宾客；酒巡到己不可多饮，以免醉酒遭人嫌弃；主人夹菜给宾客，宾客能受则表示感谢，不能也不可端碗回避或是以筷子推阻；给人盛饭以八九成为佳，太满或太少均被视为不尊重人。其四，用餐时也要避免禁忌，如不可擅自将菜全部吃干净；不可将筷子插在饭上；坐时不可脚踏他人条凳的横木；不可擅自离开座位或大声喧哗；吃饭的速度要适中，不可太赶或太慢；不可敲打桌子、碗筷、茶杯；不可将食物喂给狗吃，也不可叱狗。其五，要注意用餐结束时的礼仪，比如：如果同桌有人未吃完，吃完者一般不得离席，可将筷子置于碗上聊天等待；要离席时需要称"我吃好先下去了，你们慢吃"之语表示歉意；食毕离席要让上席先走，末席最后走，等等。

| 魏晋时期的饮宴画像砖 |

拜贺庆吊：人生仪礼和
岁时节日中的社交礼俗

拜贺庆吊：人生仪礼和岁时节日中的社交礼俗

前面我们说到了传统社会中人们日常会面交际的礼仪规范。事实上，人们的社交往来活动存在于各种各样的场合中，所以社交礼仪也就会融入各式各样的社会活动中。其中，最为突出的就是人生仪礼和岁时节日两种情形。人生仪礼，指的是人在一生中几个重要节点上所经历的具有一定仪式感的行为过程，包括诞生礼、成人礼、婚礼、生日礼、葬礼和祭礼等。岁时节日，则指的是与天时、物候的周期性转换相适应，在人们的社会生活中约定俗成的、具有某种风俗活动内容的特定节日，不同的节日，形成了不同的节日内涵和民俗活动。

无论是人生仪礼，还是岁时节日，都是人们社会生活的重要时间点，前者是人生旅程中的重要转折时刻，后者则是自然时间中的重要节点。在这些时间点中，人们互相分享开心喜悦、悲哀难过等内心情感，也就形成了人与人之间的社交活动，形成了相应的社交礼仪。在我们今天的社会生活中，我们参加他人婚礼要赠送礼品、表达祝福，参加葬礼要吊问悼念、致意哀思，或者过春节的时候要走亲访友、相互拜年等，这些都是现代社交礼仪的一部分，其中有一部分内容均源自传统社交礼。那么，接下来，我们就简单谈谈人生仪礼和岁时节日中的传统社交礼的形成、发展和演变。

1. 人生仪礼

人生仪礼是人生阶段的重要转折点，因此社交礼仪往往显得比日常相见更加庄重、更为复杂。无论是诞生礼、成人礼、婚礼、生日礼或丧葬礼等，都形成了一套完备的社交礼仪规范，我们既可以从中看到其与日常交际礼仪相同的部分，也能看到其独特之处。其中，最大的不同就是，在人生仪礼中，相应的仪式是整个活动的主体，社交礼可以说是从属在内的礼仪部分。

除此之外，宾客还承担着现场见证甚至参与礼仪仪式的任务。下面，我们就结合具体的仪式来看看。

在诞生礼中，有一系列的庆贺活动。在新生儿洗三（即出生后第三天的沐浴仪式）、满月、百日、周岁等时间节点，亲友共同前来庆祝并送上贺礼，贺礼一般有红包、鸡蛋、小儿衣物、虎头鞋帽、添盆喜钱、布料、钱币、面花、细米、葱等物品，寓意幼儿健康成长、富贵吉祥。主人家也会向宾客回赠面食、鸡蛋等，分享新生的喜悦。同时，主人家还专门设宴款待宾客，一般以满月、百日的酒宴最为盛大。人们普遍认为前来祝贺的宾客越多，给幼儿带来的喜气就越多。主人家更是希望宾客盈门，甚至在百日之时，即使是乞丐登门祝贺，主人家也会待之如嘉宾。

古人将汉族男子成人礼称为"冠礼"。先秦时期，冠礼标志着家中男子已成年，对家族而言具有重要意义，一般要在家族祖庙举行隆重的仪式。宾客可以说是冠礼之中不可或缺的一环，承担着见证和祝福的职责。其中，将有一位宾客承担加冠的重任，称为"正宾"。主人需要亲自前往邀请正宾来主持仪式。正宾当日身着隆重的礼服出席，主人则要郑重迎接正宾，并与正宾相互揖让登堂。在正宾主持完成冠礼后，主人便要招待宾客，并向正宾赠送束帛、鹿皮等礼品以示谢意。这一仪式虽然涉及士相见礼的

内容，但更主要的还是冠礼的规范要求。此时，正宾不仅仅是宾客，更是人生仪礼的重要参与者和执行者。

唐、宋以后，传统冠礼往往局限在部分士大夫中，民间社会则一般省略或者在婚礼前或节日时才行冠礼，并且亲友拜贺的情形也减少了。现在安徽、江西等地，还有在中秋节、元宵节或结婚之日举行"响号"或"挂号牌"的习俗——宗族亲戚将写了成年者的字的牌匾送到其家中，并由家族长辈完成成人礼。

先秦以前有"婚礼不贺"的规定，也就是婚礼不庆贺。直到汉魏时期，才开启婚礼庆贺的风俗。通常，男方邀

请宾客到家等候接亲队伍到来，宾客则纷纷向新人及其家人表示祝贺，赠送钱财、布料、酒、爆竹、对联等喜庆物品，并见证拦门、入门、拜堂等婚礼仪式。新人向宾客敬酒三杯表示感谢，随后一众宾客继续饮宴作乐。婚礼上的宴席通常颇为丰盛，菜品的样式及数量都有一定的讲究——要成双成对，寓意新人幸福。清末至民国时期，又出现了新式婚礼，其形式和现在的西式婚礼相似，宾客也是受邀前往祝贺，贺礼以红包、喜幛、喜联、花篮为主，入门处一般设有签到处，主人家登记姓名和礼品后将各式礼品放于礼堂内外陈列。宾客则前往茶座饮茶，随后观礼。男女方礼毕后，向宾客行三鞠躬礼致

| 传统堂屋内的族谱（左）和号牌（右）|

|《弥勒经变图》中展现的
嫁娶场景|

谢，而后或设宴款待，或随
即散去。

魏晋时期，开始出现生
辰祝贺习俗，这种习俗到唐
宋时走向兴盛，上至皇帝，
下至百姓都要庆贺生日，聚
会饮宴。唐玄宗便将自己的
生日定为千秋节，那天普天
同庆，民间百姓也乘机大摆
筵席庆祝。在民间，普通民

众尤其重视长辈的生日：长
辈过生日时，亲朋好友携带
红包、寿联、寿幛、寿面、
寿饼、寿酒、寿星图、寿桃、
衣帽鞋袜等各式礼物前去
赠送祝贺，主人家既要大摆
筵席予以款待，还要给未成
年的祝寿者红包，称为"百
岁包"，有的大户人家还举
办文娱活动彰显热闹、喜庆
氛围。

在丧葬礼中，办丧事的

|《高堂称庆图》
中的祝寿场景|

57

人家（丧家）要及时向亲友报丧，邀请亲友前来悼念，并为即将前来吊唁的亲友准备住宿场所。报丧的人一般不进入对方家门，以免不吉。亲友知道消息后，着素服前往逝者家中的灵堂吊唁哀悼。这时除贵客外，主人一般不出门迎客，只在灵堂内相向哭泣着行拜礼以迎送客人。到了出殡之日，宾客还前来送行，有跟随灵柩发送的，也有先行在墓地等待的，还有送出城门后便告辞返回的。有的亲密友人也在逝者下葬以后的卒哭、小祥及大祥等仪式时前来吊唁，此时，主人家按照日常礼仪招待即可。汉魏以后，丧家还置办茶汤、酒食款待宾客，唐代称这一习俗为"暖丧""暖孝"。明清时期，逢吊丧、发引、七七等日子均要专门准备酒食款待宾客，并以布帛等礼物回赠宾客，还有舞乐娱乐的待客情形。《儒林外史》就有出殡之后置宴酬谢宾客的描写："同行的人，都出来送殡，在南门外酒楼上摆了几十桌斋。丧事已毕。"此外，吊丧者还要向丧家赠送衣被、财物等以资助丧事，称为"赙赗"。同时，还有向丧家赠送铭旌（写有逝者职称、称呼、寿数、赠送人等信息的用布帛制作的旗幡）的风俗。

当然，除去冠礼、婚礼、丧礼、祭礼，在其他的诸如乡饮酒礼、乡射礼中也均有社交礼的身影，但基本都与以上的礼节相似，在此就不赘述了。

2. 岁时节日

岁时节日，也叫"传统节日"，指的是在社会生活中人们约定俗成的、具有某种风俗特征的特定时日，如二十四节气、春节、端午节、中秋节等节日都属于岁时节日。岁时节日是传统社会的重要文化时间节点，也是重要的人际交往场合。先秦时期的节日处于初期阶段，大部分属于宗教信仰、神灵崇拜和农神祭祀一类的节日习俗，当时的人们在春社、秋报、蜡祭等时节的祭祀活动后利用难得的空闲时间举行聚会饮宴。到了汉魏以后，随着中国节日不断发展定型，宗教信仰色彩逐渐淡化，宗教性节日也日趋减少，人们在岁时节日里往来拜贺、聚会饮宴、馈赠节礼、外出

游玩等社交活动则日渐丰富多彩，营造出其乐融融的节日氛围。下面，我们就选取影响较大、至今仍然广泛流传的节日礼俗做简要介绍。

传统农历新年 —— 春节，是最为隆重的传统佳节。自这一天开始到元宵节，各类聚会、投刺拜年活动不断，人们一面穿新衣出门拜贺，一面准备酒食款待宾客，给孩子们发"压岁钱"，同时还互相投年帖拜贺，热闹非常。此时，人们一同饮用屠苏酒、椒柏酒等，寓意驱邪延年、健康长寿。南北朝时期诗人庾信就用"正旦辟恶酒，新年长命杯"的诗句描绘了这一风俗。人们在节日里还准备五辛盘、胶牙饧、年糕、瓜果、酒肉等新年礼品相互馈送以

宋代李嵩《岁朝图》中描绘的拜年场景

明代李士达《岁朝村庆图》中描绘的拜年场景

示吉利。

正月十五是元宵节，届时，人们举办灯会，馈赠汤圆等。唐代元宵节为期三天，到了宋代则扩充至五天之久。夜晚，城市中张灯结彩，各式表演齐聚，人们相邀共同赏月观灯、游玩嬉戏，往往至深夜才陆续回家，充满狂欢氛围。宋代文学家欧阳修就有"去年元夜时，花市灯如昼。月上柳梢头，人约黄昏后"的诗句，描写了元宵夜朋友、情侣等相会观灯的情景。

在古代，原本在清明节前后，还有寒食节和上巳节两个节日，后来人们便将这三个节日逐渐融合为清明节一个节日。人们在扫墓追思先人的同时，也相约出门踏青郊游、聚会饮宴，还举行

戴柳、茶会、竞渡、荡秋千、蹴鞠、拔河、放风筝等一系列文娱活动。汉魏时期，人们在三月三上巳节的时候到江边举行消灾祈福的修禊仪式，并在水边嬉戏娱乐、流觞曲水、聚会饮宴，大书法家王羲之便在《兰亭集序》一文中描绘了人们在节日里修禊饮宴的场景。宋代文人孟元老在《东京梦华录》一书中记录了当时在清明节前后人人都出城游玩，以致平时在城内都不怎么见到的人在郊外竟然纷纷相遇的场景："四野如市，往往就芳树之下，或园圃之间，罗列杯盘，互相劝酬。都城之歌儿舞女，遍满园亭，抵暮而归。"由此可见清明节前后浓厚的社交气息。

到了五月五端午节，民众互相馈赠五彩线、香囊、辟恶符、菖蒲酒、合欢索、

龙舟竞渡的习俗在唐、宋以后颇为鼎盛，人们往往相约观赏。

中秋节，是唐宋时期兴起的节日，不论王公贵族，还是普通百姓，都在这一天聚饮言欢，中秋节也因此成为家人团圆的重要节日。民众聚会形式主要以家宴为主，阖家齐聚赏月、拜月、吃月饼、观潮都是中秋节的重要节俗。当然，也有亲友间往来馈送月饼、瓜果之类

粽子、白团、端午果子等节日物品。同时，人们还进行其他的社交活动，如递送名帖慰问或举行饮宴活动。而

礼品或者聚会饮宴的习俗，如白居易便有"人道秋中明月好，欲邀同赏意如何。华阳洞里秋坛上，今夜清光此处多"的诗句，记叙了作者在中秋节时与好友于寺观里赏月的情景。可见，中秋节除了被赋予阖家团圆的内涵，还带有赏玩的娱乐色彩，是民众进行社会交际的重要节日。

重阳节也是重要的社交节日，亲朋好友在这一天相约秋游登高饮宴、插茱萸、饮菊花酒、赏灯赏菊，还有赠送重阳花糕等习俗。唐代著名的山水田园派诗人孟浩然曾应邀到一位农人朋友家中做客，写下"待到重阳日，还来就菊花"的诗句，专门约定重阳节时再来做客赏菊，说明当时在民间，重阳节也常常是朋友相会之日。

冬至临近新年，传统社会常常在此时举行隆重的祭祖和贺冬仪式，亲朋

｜明代沈周《盆菊幽赏图》中展现的友人重阳赏菊场景｜

之间往来投刺拜贺，或穿新衣相互作揖拜贺，或以酒食相赠，民间有"冬至大如年""肥冬瘦年"的说法。宋代有人记录当时冬至时，在民间，即便是贫苦人家此日也要换上新衣，置办酒食，互相馈送庆贺，其节日地位不容小觑。

当然，岁节中的社交礼俗还远不止如此，社交活动种类多样，不可胜举，例如民众在立春日一同鞭春牛，送春酒、春盘、春饼、春幡、春胜相互拜春；在立夏日则馈赠"七家茶"过夏；在立秋日以应季的瓜、枣等果品相送贺秋；在七夕乞巧赠巧果；在腊月或互赠腊八粥，或做客饮宴；在小年则互送年货，庆贺新年将至。这些社交活动都说明了岁时节日是人们社交往来的重要时间节点。并且随着社会的发展变迁，过节往来庆贺已经成为传统社会民众的共识。

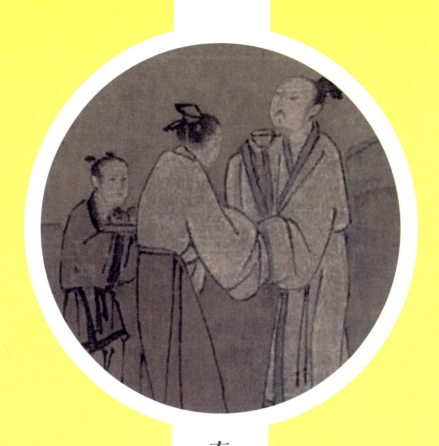

充满伦理意蕴的社交礼俗

充满伦理意蕴的社交礼俗

通过前面对传统社交礼俗的介绍，我们一起了解了传统社会中社交礼的基本礼仪动作、我国最早的社交礼的基本形态、社交礼的发展和演变，以及在人生仪礼和岁时节日中的社交礼等多个方面的知识。要知道，中华文化源远流长，礼仪习俗的存在和发展，并不单单是仪式内容的延续，更加深层的内涵还在于仪式背后的精神文化传承。我们不难发现，传统社会的社交礼具有独特的内涵，意在促进人与人之间按照既定的规范和观念来友善交流、和谐共处，这便是传统社会人们的交际之

道。因此，在学习和了解社交礼的过程中，我们尤其要注意到它们所蕴含的中华民族宝贵的价值内涵。

首先，要明白社交礼的重要作用。我们通过社交礼与他人进行互动，在表达真挚情感的同时，也反映出自身遵礼、守礼的人格品质。只有双方都遵守礼仪开展社交，才能够顺利地促进双方的了解与认同，而不按照礼仪规范行事就是不礼貌的行为，往往不受欢迎。这也就是为什么思想家孔子在《论语》中说"不学礼，无以立"的原因。在传统社会中，不了解礼仪规范，也就

容易冒犯他人，就不会被其他人所接受，也就失去了在社会上立足做人的根本。所以说，我们在和他人交往的过程中，要主动学习社交礼仪，礼貌规范地与他人进行沟通。

其次，我们要懂得礼尚往来是中华民族优秀的传统美德。《礼记》中记载："礼尚往来。往而不来，非礼也；来而不往，亦非礼也。"意思是说，传统礼仪重在相互往来，我们对别人行礼而对方没有回应，不合乎礼仪；别人对我们行礼而我们没有回应，也不符合礼仪。可见，传统社交礼提倡在人与人交往中要注重"礼尚往来"原则。当然，这并不是鼓励大家要去多送礼或收礼，而是主张要保持互联互通、有来

有往的社交状态。每个人都要做一个知礼、懂礼的人，尤其是在他人礼貌对待我们的时候，更要热情、规范地回礼，不可怠慢对方。这既是一种礼貌修养，也是对他人的尊重，有助于建立和维护和谐友善的社会关系。

再次，我们也要注意传统社交礼中恭敬、谦让的原则。这种尊敬他人、谦虚的态度几乎体现在传统社交礼的方方面面，例如：在迎送过程中，主人和宾客不停地谦让着进门出门；在称呼用语上，对对方用敬称，而自己用谦称；在招待宾客就座时，将上席让给宾客或者尊长，而自己坐在下席；在交谈时，时时谦称自己对宾客招待不周，请对方包涵，等等。《论语》中说道："君

子敬而无失，与人恭而有礼。四海之内皆兄弟也。"也就是说，如果君子做事谨慎而没有过失，与人交往恭敬而有礼貌，那么普天之下结交认识的人都会与其成为兄弟一般的朋友。可见，在传统礼仪中，恭敬之心与谦卑之态是待人接物的关键所在。

最重要的是，要继承和发扬优秀的传统社交礼。我们知道，随着社会的发展进步，有些礼仪和观念因为不符合时代潮流，已经摒弃。但也有许多既符合当下时代精神，又具有民族文化内涵的优秀的礼仪规范和交际理念仍然值得在现代社会弘扬推广开来。比如，稳重大方的拱手作揖礼、真诚热情的待客礼仪、细致规范的饮宴礼，以及提倡恭敬谦让、与

| 南宋马远《月下把杯图》描绘了中秋节与好友赏月的场景 |

人为善、尊老爱幼的交际理念等，都有助于规范交际行为、培养良好的公民道德、促进社会和谐，这些都是我国优秀传统文化的一部分。处在新时代的我们，要增强对中华优秀传统文化的认同感，认识其宝贵价值，主动学习、践行优秀传统文化，促进传统礼仪与时俱进，并将其内化为精神观念，外化为实际行动，使自己成为明大德、守公德、严私德的时代青年。

我们对于传统社交礼的介绍就暂告一段落了。相信大家也会感慨，原来我们日常生活中司空见惯的社交行为需要遵守这么多的礼仪规范；原来我们的祖先沿袭着这么复杂、系统的社交礼仪；原来我们现在熟知的一些社交礼仪有着几千年的悠久历史；原来社交礼仪的背后还有如此多的精神内涵……事实上，我们介绍的这些内容，还只是传统社交礼中很小的一部分。传统礼俗博大精深，更多的内容还需要大家结合日常生活、结合对于传统文化的学习来更加全面、深入地了解体会。

图书在版编目（CIP）数据

社交礼 / 谌荣彬著 ；萧放本辑主编. -- 哈尔滨 ：
黑龙江少年儿童出版社，2020.11（2021.8 重印）
　　（记住乡愁 ：留给孩子们的中国民俗文化 / 刘魁立
主编. 第七辑，民间礼俗辑）
　　ISBN 978-7-5319-6552-7

　　Ⅰ. ①社… Ⅱ. ①谌… ②萧… Ⅲ. ①社交礼仪－儿
童读物 Ⅳ. ①C912-49

中国版本图书馆CIP数据核字(2020)第233025号

记住乡愁——留给孩子们的中国民俗文化　　　刘魁立◎主编

第七辑 民间礼俗辑　　　　　　　　　　　萧　放◎本辑主编

社交礼 SHEJIAO LI　　　　　　　　　　　谌荣彬◎著

出 版 人：商　亮
项目策划：张立新　刘伟波
项目统筹：华　汉
责任编辑：杨　柳
校　　对：王冬冬
整体设计：文思天纵
责任印制：李　妍　王　刚
出版发行：黑龙江少年儿童出版社
　　　　　（黑龙江省哈尔滨市南岗区宜庆小区8号楼 150090）
网　　址：www.1sbook.com.cn
经　　销：全国新华书店
印　　装：北京一鑫印务有限责任公司
开　　本：787 mm×1092 mm　1/16
印　　张：5
字　　数：50千
书　　号：ISBN 978-7-5319-6552-7
版　　次：2020年11月第1版
印　　次：2021年8月第2次印刷
定　　价：35.00元